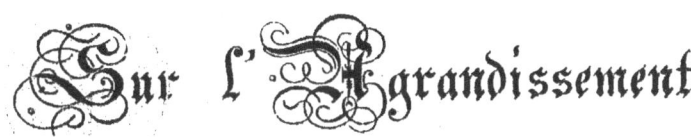

Sur L'Agrandissement

DE LA VILLE.

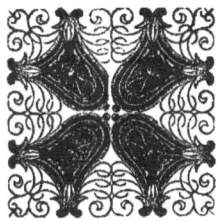

TOULON.

IMPRIMERIE D'EUGÈNE AUREL, PLACE SAINT-PIERRE.

1844.

SUR L'AGRANDISSEMENT

DE LA VILLE.

On l'a dit depuis bien long-temps : *il y a quelqu'un qui a plus de sens et d'esprit que qui que ce soit, c'est tout le monde* ; jamais cette vérité si profonde ne mérita mieux d'être rappelée qu'en ce moment où nos édiles, vont discuter la question de l'agrandissement de la Cité. Le premier oracle à interroger dans les choses qui intéressent le public ; c'est lui, lui tout d'abord qu'il faut consulter, ses maux qu'il faut sonder, sa voix qu'il faut écouter, ses besoins qu'il faut satisfaire. Silence donc à ceux qui veulent rendre intarissable pour eux et les leurs, la source de richesses qu'ils ont trouvé dans les boues de la Rode ou la poussière de Navarin. Silence à ceux qui prétendraient profiter, sans compensation, du bienfait de l'enceinte nouvelle déjà esquissée autour de leurs terres. Que les uns et les autres rougissent de se mêler à cette discussion ; le théâtre est si étroit, la position de chacun est si connue, les artifices du langage sont si misérables, le pâtelinage du dévoûment aux intérêts généraux est si usé, qu'au premier mot, ils seraient reconnus et jugés, si déjà ils ne l'ont été, et le bon peuple dont ils se prétendraient les pères et les tuteurs, leur dirait avec le plus célèbre de nos économistes modernes : — il est bon de songer à soi, mais il est odieux de ne songer qu'à soi. (1).

Ces lignes ne s'adressent par conséquent pas à ceux qui, intéressés privativement dans la question, ont conçu des craintes exagérées, ou des espérances folles, non plus qu'à ceux qui ne comprennent rien à ce qu'ils souffrent et à ce qui se passe autour d'eux, jurant sur la foi d'autrui : car on ne persuade ni les égoïstes, ni les imbécilles ; mais bien aux magistrats municipaux, pénétrés de la grandeur de la mission dont ils sont honorés, et qui vont décider de l'avenir de Toulon pendant la suite des siècles. A ceux là, j'espère prouver en peu de mots qu'ils doivent à la cité et à la France cet agrandissement qu'on

(1) Jean-Baptiste Say : *Aperçus des Hommes et de la Société* ; in-32, 1839.

ose discuter et mesquinement réduire à une question de francs et de centimes. — Ne suffira-t-il pas de démontrer :

1° Que l'agrandissement de Toulon est une nécessité pour la Cité et pour la France ;

2° Qu'il n'en résultera aucun inconvénient sérieux ;

3° Qu'il en résultera d'immenses avantages ;

4° Que Toulon peut s'associer, sans péril, dans de certaines proportions, à son exécution ;

Pour obtenir que le conseil municipal consacre par son vote le vœu de la population presque entière ?

§ 1er

L'Agrandissement de Toulon est une nécessité locale et nationale.

La nécessité locale de l'agrandissement de Toulon est chose avérée. Il le faut bien, pour que le conseil municipal, le conseil d'arrondissement et le conseil général du département, organes toujours si tardifs de l'opinion publique, l'aient vingt fois proclamée et reconnue. Les adversaires du projet de M. le colonel Pico, l'admettent comme incontestable. L'un, M. Jacquinet, dit formellement dans sa réponse au rapport de M. Isnard : *Depuis long-temps, le besoin de l'agrandissement de la ville est généralement reconnu, c'est un fait incontestable qui n'a besoin d'aucun raisonnement à l'appui, et s'il fallait le prouver par des faits, nous* n'aurions qu'à voir ce qui se passe autour de nous, etc. — Un autre écrit dans la *Sentinelle* du 3 courant : *Il faut le dire à la louange de ceux qui ont parlé de l'agrandissement de la ville, il n'y a nulle réticence de la part des uns et des autres ; et dans la discussion du fait capital, toutes les opinions se réunissent à celle qui se résume par l'opportunité de l'extension du périmètre actuel.* D'ailleurs l'évidence des faits et l'irrésistible force des choses, ces deux grands pédagogues de l'humanité, n'ont-ils pas écrit depuis long-temps cette nécessité sur les murs incommodes de la Cité : un jour c'est le choléra qui, plus acharné à Toulon que partout ailleurs, fait aux morts dans le champ du repos, la place qu'une étroite enceinte leur refusait parmi les vivants.— Aujourd'hui et chaque jour, ce sont des milliers d'ouvriers, dont le salaire ne change jamais, et qui doivent ouvrir et clore les fatigues de la journée, par celles d'un voyage, aux Maisons neuves, à Navarin, au Mourillon, ou à la Seyne, s'ils ne veulent prendre, sur le pain du jour, le prix d'un loyer aux mansardes citadines. — Ce sont des entrepreneurs de messageries, dont les voitures ne se peuvent placer dans la ville ; des usines qui s'exilent ; des malades qui étouffent dans un hôpital infect, prêt à crouler sur leur tête ; des acteurs qui se ruinent à chanter le grand opéra dans un jeu de paume, flanqué de vingt maisons de prostitution ; des étrangers qui ne trouvent pas d'hôtels, des soldats sans casernes, des rues sans air, mais non sans boue ; les murs des églises mitoyens, avec des bouges gorgés d'habitans ; pas de halles, pas de places publiques, hors une seule ; des maisons élevées outre mesure, des loyers excessifs ; partout un encombrement fatigant et dangereux ; et s'agitant au milieu de tout cela, une population qui crie, à bon droit, qu'elle a du pain, la première condition de la vie, et qu'elle veut de l'espace, dût-elle en payer le prix.

Toulon ville et Toulon place forte sont constituées pour les besoins et les communications d'une population de vingt mille habitans et d'une garnison de mille à deux mille hommes. Tout s'y est développé

depuis, grâce à l'influence de circonstances générales et de faits parti-
culiers. Ainsi la paix a partout amené une augmentation sensible dans
la population et dans son bien être. La facilité des communications, la
conquête d'Alger, l'emploi de la vapeur, les développemens nécessaires
de la marine militaire et la gravité des questions politiques débattues
sur les rives de la Méditerranée, ont produit plus particulièrement ces
résultats à Toulon. Cependant ni la population de cette ville, ni sa
prospérité, ne se sont développées dans une juste proportion avec de
telles causes. Le pourquoi, en est dans cet impitoyable anneau dont
l'étreinte paralyse toute extension de la cité, et qu'il est temps de bri-
ser. Marseille libre de fortifications, comme nous placée à trois jour-
nées d'Alger, à huit de Constantinople, à dix d'Alexandrie, avait 76,200
habitans en 1789, elle en avait déjà 147,100 en 1841. Sa prospérité a
quintuplé dans le même espace de temps. Comparons le mouvement de
la population dans les ports de guerre gênés comme Toulon. Nous trouverons :

Brest peuplé de 33,800 habitans en 1789 et de 32,700 en 1841.
Lorient   de 18,400   en 1789 et de 18,100 en 1841.
Rochefort   de 18,100   en 1789 et de 15,900 en 1841.

Deux ports militaires sont seuls en progrès. Toulon qui avait en 1789
30,100 habitans et en a 35,322, sous l'influence des causes que nous
venons d'indiquer ; et Cherbourg dont l'enceinte est plus vaste et dont
la population a été portée du chiffre de 10,700 habitans en 1789 à celui de 20,600 en 1841 (1). Ces données et d'autres faits locaux tels que
la construction d'immenses faubourgs nous forcent à penser d'abord
que l'augmentation de la population de Toulon a été singulièrement ar-

---

(1) *Annuaire de l'Economie politique ;* 1844, page 132.

rêtée par le défaut d'espace à l'intérieur, et qu'elle se produirait dans des proportions vraiment prodigieuses si l'agrandissement venait à coïncider avec des circonstances favorables à ce développement. — Ne serait-ce pas en effet la position de Toulon, sous plus d'un rapport ?

La colonisation de l'Algérie se poursuit sur une échelle immense ; cette terre que le sang de nos braves a baptisé française, nécessitera long-temps des transports incessans d'hommes et de choses, et lorsqu'enfin le fer du soldat y sera devenu le soc de la charrue du laboureur, d'éternelles communications resteront établies entre cette autre France et nos rives prochaines. Par là l'avenir nous apportera chaque jour de nouveaux bienfaits, car l'abandon de la colonie est aussi impossible, que sa prospérité future est assurée.

De nouvelles correspondances s'établissent d'année en année avec tous les points riverains de la Méditerranée ; les unes par l'état, les autres par le commerce ; Marseille nous les enlève, et la force des choses nous les rendra. Laissons cette orgueilleuse cité rêver d'un port à la Jolliette, et du creusement de l'étang de Berre, pour servir de refuge à ses navires et de station à ses paquebots, elle ne nous enlèvera ni notre admirable rade, ni notre arsenal, ni nos excellens ouvriers. Le temps lui apprendra que le monopole maritime auquel elle prétend, n'est que la sotte utopie d'un égoïsme odieux, et qu'elle s'enrichira plus en partageant avec Toulon, qu'en mal étreignant pour trop embrasser.

L'Etat lui-même ne se voit-il pas forcé d'agrandir l'arsenal bientôt triplé, aigle immense, dont une aile bat au Mourillon et l'autre va battre à Castigneau.

L'un des chemins de fer les plus indispensables, n'est-il pas celui de Marseille à Toulon ? L'Etat doit incessamment et nécessairement l'entreprendre, en attendant qu'il puisse le pousser jusques à la frontière d'Italie, car il faut que du grand centre de l'action gouvernementale, les communications avec les rayons principaux puissent se faire avec les moyens rapides que nous a fournis l'industrie contemporaine. Partout où ces moyens ont été mis en usage, le transport des marchandises a quadruplé et celui des voyageurs s'est accru dans une progression plus considérable encore. Un pareil établissement produirait presque une révolution à Toulon, port et frontière, aboutissant nécessaire d'un vaste rayon.

Si donc tout se déploie et grandit autour de cette ville et dans son sein, il est impossible qu'elle reste ainsi garrottée. — Où donc logera-t-elle ces quelques milliers d'ouvriers dont les bras vont être nécessaires à l'établissement de Castigneau? Où recevra-t-elle ces mouvantes populations que d'innombrables wagons jetteront quotidiennement dans son sein? Où placera-t-elle tous les établissemens industriels dont ce nouvel état de choses amènera la création? En présence des souffrances de ses habitans, des ennuis de ses visiteurs, des espérances de ceux qui voudraient s'y fixer, de la prospérité de Marseille, à laquelle elle pourrait participer, s'obstinera-t-elle dans le mal et repoussera-t-elle le bien? Il y aurait stupidité à le faire comme ville, comme ville française; il y aurait défaut d'esprit français, de dévoûment et de patriotisme.

Toulon renferme au moins la moitié de nos ressources, quant à la marine militaire; demain Toulon aura notre seul arsenal pour la marine à vapeur. C'est le seul point duquel au premier canon d'alarme tiré d'Alger, de Constantinople, d'Athènes, d'Alexandrie, de Tunis, de Maroc, d'Espagne ou d'Italie se pussent élancer une escadre ou une armée. — Si Toulon ne s'agrandit pas, la France ne saurait y placer assez de régimens pour défendre sa frontière, son trésor maritime, l'honneur de son pavillon, ses enfans et sa plus belle conquête. — Les temps ne sont pas éloignés où Toulon dût regretter de n'avoir pas dans son sein assez de soldats pour se sauvegarder des traîtres et de l'étranger. C'est ici qu'il faut de nombreux bataillons à présenter à nos amis et à nos ennemis; c'est ici que doit s'exercer, s'acclimater et trouver sa réserve, notre armée d'Afrique. Sachons ainsi élever à la hauteur d'une question nationale, l'élargissement de nos murs, et reconnaissons avec bonheur que notre intérêt s'accorde avec celui de la patrie.

Cependant, objecte-t-on, les faubourgs existants et celui que l'on pourrait créer au Camp-Retranché suffiraient aux besoins actuels et prochains de la population. Entendons-nous, s'il vous plaît, nous sommes tous d'accord sur la nécessité de l'agrandissement de la ville, et quand ont vient à s'occuper des moyens de le réaliser, vous venez nous parler de créer des faubourgs, pour laisser la ville telle qu'elle est ! Et vous écrivez ces choses-là sérieusement ! Passe encore si vous disiez qu'il faut comprendre moins d'espace dans la nouvelle enceinte, lésiner sur l'étendue ou la force des bastions et des demi-lunes, ou sur le révêtement des remparts, mais admettre que la ville doit être agrandie et par la création seule de faubourgs, ajourner indéfiniment son extension ! C'est à n'y pas croire.

Les faubourgs offrent des inconvéniens que rien ne peut racheter; ils isolent une partie de la population de l'autre, éparpillent les industries et les habitans, et font perdre réciproquement à tous ceux qui sont logés *intrà* ou *extrà-muros* du temps et des profits. Une démarcation morale d'habitudes et de mode de vivre isole ceux qui sont séparés par un fossé et des murs crénelés. La distance et les embarras sont encore plus sensibles pour ceux qui ont à se rendre d'un faubourg à l'autre, ou à l'arsenal, point nécessaire de réunion de tous ceux qui cherchent à se loger économiquement. Ces inconvéniens et mille autres frappent tous les esprits, pour ces temps de paix. Vienne la guerre et les faubourgs surgiront devant vous, comme d'invincibles obstacles, si vous avez l'insigne maladresse d'en élever au Nord de la Cité de semblables à ceux qui existent à l'Est et à l'Ouest. Les servitudes militaires ont un sens ; elles signifient que le jeu des batteries de la ville doit avoir un rayon libre, et qu'au jour du danger, il ne faut pas avoir à tirer sur ses amis et à mettre leurs maisons en feu. Le propre des villes fortifiées est de se concentrer dans l'enceinte des murs , assez vastes pour le présent et l'avenir, et de n'avoir que des faubourgs sans durée et sans prix. Le propre , au contraire, des grandes villes libres, c'est d'avoir de grands et beaux faubourgs qui se rallient peu à peu à la ville, dont ils ne sont pas séparés par de grands obstacles non plus que par de prévoyantes servitudes. Ce qu'on propose est donc de donner sur toutes ses faces, et à quelques mètres de ses glacis, de superbes, de coquets faubourgs à une ville de guerre qui n'en devrait pas avoir du tout. En cas de guerre la défense de Toulon deviendrait désormais ou impossible ou barbare. Les faubourgs des villes fortifiées n'offrent à ceux qui les habitent que des embarras pendant la paix et des dangers pendant la guerre. On les tolère en temps de paix, en temps de guerre on les rase.

Concluons de tout ceci que l'agrandissement de l'enceinte de Toulon ville, est non seulement un besoin , mais une nécessité locale et nationale , car sous ce double rapport elle se manifeste par des symptômes auxquels aucune intelligence ne saurait se méprendre, aucune volonté résister. — *Toutes les puissances du monde*, dit un auteur célèbre , *ne parviendraient pas à créer une ville là où elle n'a pas envie d'exister, et on ne réussit pas mieux, par un acte de volonté, à borner l'étendue d'une ville qui porte en elle des germes d'agrandissement* (1). L'heure de Toulon a sonné, l'enfant étouffe dans ses langes, il est temps qu'il croisse dans sa force et dans sa liberté.

§ 2.

Inconvéniens prétendus de l'Agrandissement.

La ville deviendrait trop vaste, les propriétaires des faubourgs existans

---

(1) **Jean-Baptiste Say** : *Traité d'Économie politique pratique.*

seraient ruinés, et les citoyens auraient à supporter des sacrifices hors de proportion avec leurs moyens. — Partant le projet d'agrandissement est inopportun, injuste et inéquitable. — Tel est en quelques mots le résumé des conclusions du mémoire de M. Jacquinet, lequel d'ailleurs, comme quelques autres, est très partisan de l'agrandissement pourvu qu'il ne se fasse pas.

Une ville fortifiée ne saurait présenter une trop vaste enceinte, car plus vous l'étendez, plus vous éloignez l'époque à laquelle il faudra renouveler les dépenses du recul de ses murailles. — D'ailleurs ne faut-il pas laisser de l'espace à la population et aux industries que l'on semble convier à s'y venir fixer. — On conçoit que l'aristocratie genevoise qui redoute par-dessus tout, l'augmentation de sa population, préoccupée qu'elle est de la crainte de perdre sa nationalité, sa religion et ses priviléges, s'obstine à laisser la patrie de Jean-Jacques étroitement parquée dans des murs inutiles à sa défense. — Je le comprends, mais ce que je ne puis concevoir, c'est qu'un Toulonnais qui a tout à gagner à voir sa ville natale passer à l'état de ville de second ordre, prenne l'alarme quand on lui en fournit les moyens, c'est ce que j'aurais peine à comprendre n'était le second inconvénient signalé, c'est-à-dire, la ruine des propriétaires des faubourgs existans.

L'état n'avait pas promis aux coucous qu'il ne s'établirait pas de célérifères, ni aux célérifères qu'il ne se fabriquerait pas de wagons courant à dix lieues par heure. — En fesant de grands sacrifices pour creuser, au grand profit des feseurs, la mare qu'on appelle Port-Marchand, le conseil municipal n'a pas promis aux heureux spéculateurs de ce quartier ou de tout autre, que la ville immobiliserait ses remparts, pour leur conserver ou leur procurer des locataires. — Qu'ils se rassurent pourtant, ils ont plus à gagner qu'à perdre à ce grand travail. — Ils en auront les premiers bénéfices, parce qu'ils logeront et nourriront les nombreux ouvriers appelés à démolir et à construire tant fortifications que les maisons nouvelles ; et le travail achevé ils se trouveront propriétaires déjà enrichis, des faubourgs d'une grande ville en progrès, au lieu de partager, avec les possesseurs des terrains du Camp-Retranché les honneurs de posséder des maisons dans les faubourgs d'une ville étouffée dans ses murs, sans commerce et sans industrie. — Enfin les faubourgs existans, ont, par leur position, des avantages qu'on se plaît à signaler et qu'ils ne sauraient perdre, et s'ils présentent quelques inconvéniens et repoussent les habitans, cela ne tient en aucune façon à l'agrandissement projeté.

Je ne parlerai pas ici, des sacrifices sans compensation que cet agrandissement imposerait à la Cité. Les deux paragraphes suivans me paraissent une réponse péremptoire à cet argument.

§ 3.

Avantages de l'Agrandissement.

Si l'agrandissement est devenu une nécessité, c'est qu'il y a avantage à l'exécuter. — Avec de l'espace, Toulon obtiendra tout ce qui lui manque, hôpitaux, théâtre, promenades, halles, places pour les voitures, casernes pour les troupes, vastes locaux pour des usines, maisons avec cour ou jardins, rues nouvelles et bien percées, hôtels confortables, enfin tout ce qui peut y amener et y fixer l'ouvrier, l'industriel, le savant, le rentier, le fournisseur ou le commerçant à grandes entreprises. — Partout, a dit Droh, où un ménage peut exister, la force des choses l'y pousse et l'y arrête. — Et quel lieu plus que Toulon peut offrir des ressources aux nouveaux venus. — Deux arsenaux existant et un à fonder, des fortifications à raser et à reconstruire, une moitié de ville à édifier ; et quand tout cela sera fini, des bras à fournir aux trois arsenaux, aux

industries nouvelles et à l'agriculture qui depuis long-temps en manque.
— Pourquoi ne fabriquerait-on pas alors à Toulon ce qui se livre à la
marine, pourquoi ne s'y livrerait-on pas aux expéditions pour tous les
points de la Méditerranée, à l'armement et à la construction des navires à voiles et des paquebots, déjà entrepris avec tant de succès à la
Seyne, sur une petite échelle? L'agglomération à Toulon des steamers
de l'état aux besoins desquels Marseille ne peut suffire, et celle d'une
garnison très forte, entraînent l'établissement d'une foule de petites
industries qui augmenteront instantanément la population. — Les maisons seront aussi vite habitées que construites, et il est certain qu'aux
avantages résultant des dépenses énormes faites sur place par l'état et
par la ville à l'occasion de l'agrandissement simultané de la ville et de
l'arsenal, succèderont sans interruption ceux résultant du nouvel état
des choses.

Lorsque Toulon demandait une seconde chambre pour le tribunal de
Toulon, le siége de la préfecture et de la cour d'assises, l'érection de
son collége en collége royal et d'autres faveurs, on lui opposait le chiffre de sa population; à Toulon grande ville on ne refusera rien. —
Les paquebots de la Corse, de Constantinople et d'Alexandrie nous re-
viendront. — Ajoutez à ces avantages certains, ceux tout aussi assurés,
que vous procureront les chemins de fer et les rapports avec Alger, et
vous resterez convaincus que l'agrandissement présente des chances
immenses de prospérité pour Toulon et pour toute la contrée. Il donne
de plus à l'état le moyen de fonder l'inviolabilité de la rade et de l'arsenal, celle de sa conquête d'Alger, et son influence dans la Méditerranée, s'il le veut et s'il l'ose.

Il va de soi, que la population de Toulon augmentant, son commerce
et ses travailleurs produisant beaucoup plus, la Cité s'enrichirait par
l'octroi en raison composée du plus grand nombre de ses habitans et
de leur plus grande aisance, et que l'état obtiendrait les mêmes béné-

fices financiers, par les droits de mutation et par les impôts sur une multitude de valeurs nouvellement créés. — De telle sorte que l'intérêt de tous obtiendrait une complète satisfaction.

Parlerai-je encore de l'assainissement de la ville, de quelque modération dans le prix des loyers, et de mille autres avantages si chaleureusement indiqués dans le rapport rédigé par M. Isnard au nom de la majorité de la commission municipale? Inutile, je crois, car dès qu'il est démontré que les Toulonnais ont tout à gagner à l'extension de leur ville natale, comme membres de la Cité et comme Français, insister serait faire injure à leur bon sens et à leur patriotisme.

§ 4.

La Ville peut-elle s'associer sans péril, aux frais de son Agrandissement, et dans quelles limites?

La participation de Toulon aux dépenses de son agrandissement doit se déduire logiquement et mathématiquement : 1° de la somme des avantages que comme cité elle doit en retirer; 2° des ressources que sa position financière peut lui fournir pour le présent et pour l'avenir.

Les avantages du projet réalisé se partageront entre l'état, la cité, les Toulonnais et les propriétaires des terreins compris dans la nouvelle enceinte. Les Toulonnais en général seront nécessairement atteints et paieront infailliblement leur part des dépenses, puisqu'ils feront les frais de la part contributive de la ville aux dépenses ; ne parlons donc que de l'état de la cité et des propriétaires. — L'état a évidemment le plus grand intérêt et le plus grand profit en ceci, mais est-ce une raison pour lui refuser tout concours ? Non sans doute. — Le principe de l'association des capitaux, et celui d'une sorte d'association entre l'état, les villes et les compagnies, a été déjà mis en pratique pour les chemins de fer. C'est par ce moyen, que des travaux impraticables si l'état devait seul en faire les frais, resteraient inéxécutés. — On aurait fort mauvaise grâce à accuser le gouvernement de supercherie, parce qu'il appelle le concours de la ville en cette occasion. — Il pourra ainsi porter sur un autre point les capitaux que ce concours laissera libres et la prospérité générale s'en accroîtra. — La seule réponse à faire aux boutades du simple citoyen de la *Sentinelle*, est dans la morale de la fable du *Charretier embourbé*, aide toi, le ciel t'aidera. — Que Toulon s'aide donc, s'il ne veut rester dans l'ornière et y croupir dans la sécurité trompeuse qu'on veut lui inspirer. Ma pensée est, que l'état doit contribuer à lui seul pour moitié dans la dépense du recul des remparts, et que l'autre moitié doit être supportée, partie par la ville, partie par les propriétaires de Sainte-Anne et du Camp-Retranché. — Ces derniers ont offert un million; la loi, à défaut de leur volonté, en assurerait le recouvrement. Venons à le position financière de la ville.

Toulon avait en économies au 31 mars 1844 :

1° 705,628 francs 53 centimes en compte courant au Trésor.

2° 294,371 francs 47 centimes valeur au taux du jour d'une

rente 5 p °l. de 12,509 francs, inscrite en son nom au grand livre de la dette publique, ce qui forme une somme ronde d'un millon de capitaux à peu près improductifs (1). Telle est l'effrayante position financière de Toulon, que les pessimistes du pays invoquent à l'appui de leur résistance à l'agrandissement. L'avenir est-il donc si menaçant? Si nous cherchons à nous rendre compte de ces économies qui donnent la juste mesure de la prospérité du pays, nous trouvons, que les revenus croissent en raison directe de la population et que les recettes des dernières années vont s'augmentant d'une manière sensible, bien que la population agglomérée dans les faubourgs, n'y contribue en rien. Ainsi les recettes annuelles de la ville qui ne s'étaient élevées en 1839 qu'à 555,516 francs 67 centimes, ont atteint en 1843 le chiffre de 688,113 francs 84 centimes, donnant ainsi une augmentation de plus de cent trente-deux mille francs en quatre année. Je crois qu'en évaluant à la moitié des recettes annuelles l'accroissement de revenus que l'augmentation de la ville doit amener progressivement dans peu d'années, c'est rester au-dessous de ce que l'avenir promet; fut-il inférieur, il suffirait encore pour subvenir aux dépenses courantes, au paiement des intérêts et à l'amortissement du capital que la ville devrait emprunter à cette occasion.

Posons le chiffre de deux millions, comme celui de la contribution de la ville, dans les dépenses du déplacement des fortifications, et admettons que la ville emprunte la somme toute

---

(1) En 1835, Toulon avait seulement 238,840 fr. 09 c. d'économies.

entière et consacre le million qu'elle a en réserve, à faire un théâtre et un hôpital et quelques autres améliorations, nous trouverons que pour servir les intérêts de cette somme et en amortir le capital en vingt ans par annuités, et en faisant cet emprunt à 4 p. $°/_0$ ce qui lui sera facile, suivant le mode des obligations de la ville de Paris, il faudrait qu'elle payât :

180,000 fr. la première année.

176,000 fr. la seconde. — Ainsi de suite. — Est-ce donc là ce qui pourrait ruiner la Cité, qui, d'une part, verrait ses revenus s'accroître par l'octroi, au besoin par des centimes additionnels, 25 centimes additionnels au principal des quatre contributions directes qui est de 191,082 fr. 15 c., donneraient environ 24,000 fr. et réaliserait d'ailleurs deux économies capitales par la cessation du paiement des cinquante mille francs au Port-Marchand, et des seize mille francs de subvention au directeur du théâtre ? Non, Toulon ne plierait pas sous le poids si léger de telles charges, et lorsque le dernier terme de son emprunt viendrait à échoir, cette ville aurait, non en caisse (car de telles accumulations sont trop contraires aux plus simples élémens de l'économie politique), mais employés en créations et en établissemens utiles, en églises, en monumens, etc., pareille somme au moins d'économies réalisée sur ses revenus, en outre du bien-être et de l'enrichissement de ses habitants.

J'ai posé le chiffre de deux millions, comme représentant la part contributive de la ville aux dépenses projetées. — Voici comment j'y suis amené, suivant le projet de M. le colonel Pico, que les égoïstes maudissent mais que la Cité bénira, les dépenses du déplacement des fortifications devraient s'élever à 5,000,000 francs indépendamment de l'achat des terreins pour l'assiette des nouveaux fronts — Je pense avec M. Jacquinot que la dépense pourra s'élever à un million de plus. — Si nous fesons porter la dépense moitié sur l'état, moitié sur la ville et les propriétaires, ces derniers ne donnant qu'un million, la ville aurait deux millions à payer, et à mon avis, elle ne devrait pas hésiter un instant à les offrir, car ils sont le faible prix des avantages qui lui sont assurés, et elle a incontestablement le moyen de les payer.

Cependant je voudrais encore que la ville prit une autre charge et imposât une autre condition. — Elle devrait payer elle-même le prix des terreins à exproprier pour fonder la nouvelle enceinte, et recevoir en échange l'abandon des terreins occupés par l'ancienne. — Elle trouverait un grand avantage dans cette opération — En effet, en calculant au prix de huit francs le mètre en moyenne, les terreins à exproprier, ce qui est le triple de ceux récemment expropriés à Malbousquet, et plus du double de ceux acquis à Castigneau, la totalité coûterait environ trois millions; tandis que la vente des terreins cédés par le domaine et la guerre, produiraient au moins quatre millions, et laisseraient ainsi une somme d'un million à employer en percement et alignement de rues, pavage, édifices publics, fontaines, etc. — Le tout sans que l'état eût à s'en plaindre, puisqu'il obtiendrait des fortifications semblables, si elles n'étaient plus fortes et d'un plus fort développement à celles rasées, et que peu lui importent la place et le prix du terrein sur lequel elles reposent.

3

CONCLUSIONS.

J'ai différé d'opinion, on le voit, et sur plusieurs points, avec la majorité comme avec la minorité de la commission. Avec la majorité je veux l'agrandissement, avec la minorité je pense que la ville doit faire une offre positive, pour savoir à quoi s'en tenir et ne pas voir remettre vingt fois en question un projet auquel se rattache la prospérité du pays. Que si j'avais l'honneur d'être conseiller municipal, je proposerais au conseil la délibération suivante :

Le conseil proclame l'absolue nécessité de l'agrandissement de Toulon et demande aux pouvoirs de l'Etat qu'il soit autorisé par une loi ;

Il offre à l'Etat :

1° De contribuer pour une somme de deux millions aux dépenses occasionées par le déplacement des fortifications,

L'Etat pourra imposer aux propriétaires des terreins compris dans la nouvelle enceinte, une contribution d'un million répartie d'après la valeur estimative de leurs propriétés.

2° De se charger du paiement des terreins à exproprier, pour établir les nouvelles fortifications, moyennant l'abandon à la ville des terreins devenus libres, sauf ceux à porter au plan définitif comme nécessaires aux établissemens militaires projettés.

Ce projet de proposition adopté, dissiperait toutes les craintes, ferait cesser toutes les incertitudes et serait de nature à amener une prompte solution de ce problème qui ne saurait, sans péril, rester plus long-temps indécis.

On le voit de légers sacrifices également repartis, en échange d'immenses avantages présens et avenir pour chacun de vous, pour la Cité et pour la France, voilà en quoi se résume la question de l'agrandissement de Toulon. Fallut-il s'en imposer de plus grands, nul Toulonnais ne devrait reculer. Le bien-être, l'air, l'espace, la liberté, le progrès, la gloire et la défense du pays, sont des biens si précieux, qu'il faut au besoin savoir en payer le prix.

Toulon 5 avril 1844.

A. THOUREL,
Electeur municipal.

Nota. Qu'on excuse le désordre de ces lignes écrites à tire de plume, elles m'ont été inspirées par le désir d'ajouter aux raisons données dans les rapports publiés de part et d'autre, quelques autres argumens qui m'ont paru avoir échappé à mes devanciers dans cette discussion.

Toulon. — Imprimerie d'Eugène AUREL, place St-Pierre.